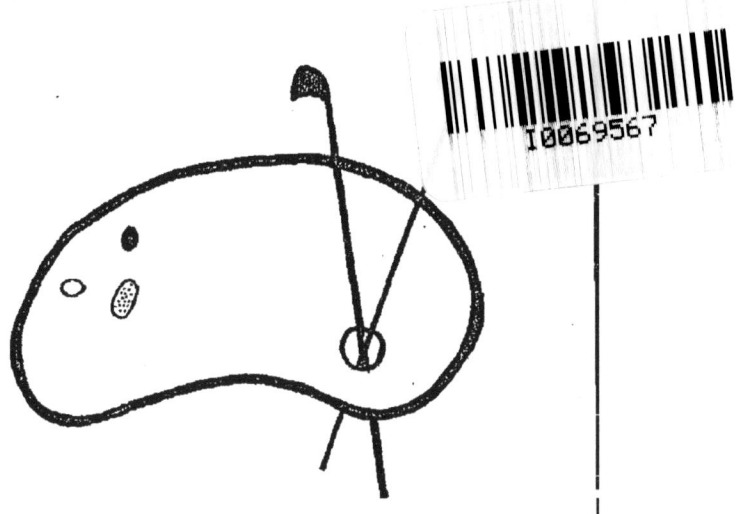

DEBUT D'UNE SERIE DE DOCUMENTS
EN COULEUR

LE DROIT DE LITRE

DEVANT LE SÉNAT DE SAVOIE

EN 1782

Par Cl. BLANCHARD.

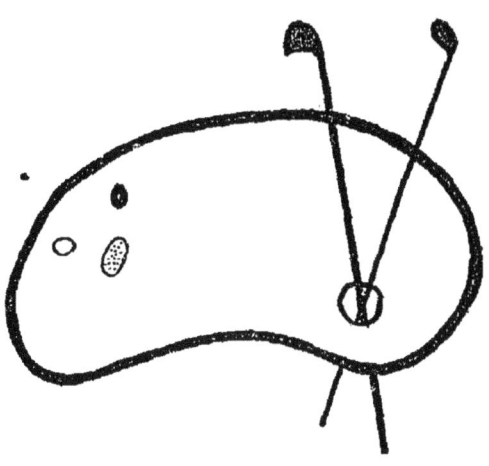

FIN D'UNE SERIE DE DOCUMENTS
EN COULEUR

LE DROIT DE LITRE

DEVANT LE SÉNAT DE SAVOIE

EN 1782

Par Cl. BLANCHARD.

JURISPRUDENCE FÉODALE

LE DROIT DE LITRE[1]

DEVANT LE SÉNAT DE SAVOIE

en 1782.

Messieurs[2],

En 1865, un de nos honorables confrères, M. le chanoine Trepier[3], nous communiquait, sous la dénomination de *Bribes archéologiques*, le résultat de diverses découvertes ou observations faites dans ses érudites promenades à tra-

---

[1] *Litre*, venant de *litra*, contraction du mot de basse latinité *litura*, bordure, bande, qui a donné naissance aux expressions *listre* ou *litre*, adoptées en France pour désigner ces bandes noires que l'on peignait sur les murs des églises en forme de guirlandes ou de tentures au dedans et au dehors, à l'occasion du décès des seigneurs féodaux qui ont droit de châtellenie ou de patronage, et sur ces bandes on figurait par intervalles leurs armoiries et insignes.

De là vient aussi *lictra* et le vieux français *liere* : « Henri le « Roux fut ensepulture en leglise de Courron en laquelle le « suppliant fist faire liere et peindre ses armes allentour dicelle « comme il est coustume de faire en tel cas. » (*Anno* 1466.)

Mais ne pas confondre litra et ses dérivés avec *lista*, venant de l'anglo-saxon *List* et *Listen*, lisière, liséré, orle, margelle. — On lit dans la chronique mss de Bertrand Duguesclin : « ... et « boutent radement sur les escus listez. » (Ducange, *Gloss. med. et inf. latinitatis.*)

[2] Cette étude a été lue à l'Académie de Savoie en février 1892.

[3] Décédé le 9 mars 1892.

vers nos campagnes, spécialement autour des églises et chapelles les plus vénérables par leur antiquité. Il nous décrivait notamment les litres funèbres, visibles encore çà et là sur les murs extérieurs de quelques vieilles absides où, ni le marteau démolisseur de 1793, ni la truelle restauratrice de notre siècle, n'avaient passé, et la litre entourant l'ancienne église prieurale de Saint-Innocent faisait le principal intérêt de cette communication [1].

Le souvenir du compte-rendu de cette séance, — car je n'avais pas alors l'honneur de faire partie de l'Académie, — a été ravivé en rencontrant, au milieu de solutions juridiques d'une utilité plus pratique et plus actuelle, une réclamation adressée au Sénat de Savoie, en 1782, par le marquis de Piolens, seigneur de Montbel, dans le but de

---

[1] Cette litre, détruite par les travaux d'agrandissement de l'église, opérés en 1869, était ornée des armoiries de la famille de Mouxy, qui portait et porte encore : écartelé, au 1 et 4 échiqueté d'or et d'azur et au 2 et 3 de gueule au sautoir d'or.

L'église dédiée à saint Innocent, martyr de la légion Thébaine, fut donnée vers 1084 au monastère de Saint-Chaffre, en Velay, par Gauthier de Montfalcon. Mais le droit de patronage resta à cette famille — dont le blason était échiqueté d'or et d'azur de 4 traits — jusqu'à ce que le fief de Montfalcon, situé sur la commune de la Biolle et auquel était rattaché le prieuré de Saint-Innocent, eut cessé de lui appartenir.

En 1566, le duc de Savoie vend ce fief à Louis Oddinet, baron de Montfort, qui eut pour héritier Georges de Mouxy, comte de Montréal, ambassadeur auprès du roi de France, premier conseiller d'Etat de Charles-Emmanuel Ier, etc., etc. Mort le 2 mars 1595, à Chambéry, dont il commandait le Château, il fut enseveli dans l'église de la Biolle.

Les armoiries que j'ai relevées en 1863 sur la litre de l'église de Saint-Innocent datent vraisemblablement de cette époque, car de l'union de Georges de Mouxy et de Louise de Seyssel, héritière de la puissante maison de Seyssel de la Chambre, naquit une seule fille, Julienne-Gasparde, mariée en 1608 à Louis de Seyssel, marquis d'Aix, à qui elle apporta, avec son immense fortune, la terre de Montfalcon et ce fief ne rentra plus dans la famille de Mouxy.

faire défendre aux habitants de cette localité de s'opposer à ce qu'une litre « un littre, » destinée à rappeler la mémoire de la marquise de Piolens, récemment décédée, fût apposée sur les murs de l'église paroissiale.

Cette requête transmise, suivant le règlement de la Compagnie souveraine, à l'avocat fiscal général, provoqua de la part d'un de ses substituts, « le sieur Salteur, » des conclusions très développées et dont l'intérêt, au point de vue du droit féodal, m'ont paru mériter de vous être signalées. Elles forment le fond de cette communication et en voici le résumé.

Messire Jean-Honoré, marquis de Piolens[1], comte et

---

[1] La famille de Piolens ou plus exactement de Piolenc, originaire du Comtat-Venaissin, joua un grand rôle dans la magistrature de la Provence pendant plusieurs siècles. Des ascendants de Jean-Honoré, je ne citerai que :

Thomas, procureur général dès 1535. Il fut au nombre des cent familles d'Aix qui, lors de l'invasion de Charles-Quint, en 1536, abandonnèrent tous leurs biens pour n'avoir pas à se soumettre au vainqueur.

Raymond, son fils, hérita de son office qu'il exerça pendant trente-un ans (1555-1586) ; puis il l'échangea contre celui de Président à mortier.

Honoré, petit-fils du précédent, après avoir siégé à la Chambre des Comptes, fut conseiller au Parlement en 1637.

Joseph-François, son fils, conseiller dès 1674, venait d'être nommé Président à mortier lorsqu'il mourut rapidement en 1688. De ses nombreux enfants, deux furent successivement grand-prieur de l'Ordre de Malte ; mais le plus illustre fut :

Honoré-Henri, qui devint un des grands magistrats du xviiie siècle. Né à Aix, le 2 janvier 1675, il fut appelé dans sa vingtième année aux fonctions d'avocat général au Parlement de Provence et remplit pendant 66 années consécutives les fonctions les plus élevées de la magistrature et de l'administration. Premier Président et Commandant pour le roi en Dauphiné, de 1740 à 1760, il continua à se signaler par ses hautes facultés et par son dévouement à ses concitoyens. Aussi sa mort, survenue le 13 mars 1760, fut un deuil universel dans la province. — On cite que dans une inondation de la ville de Grenoble, bien qu'âgé de 70 ans, il parcourut en bateau les rues de la ville, pendant trois jours et trois seigneur du mandement de Montbel, perd son épouse, dame Marie-Josephte-Etienne de Cluny [1], le 2 avril 1782, « au château d'Epine. » Pour rendre hommage à la défunte, il ordonne d'entourer toutes les églises de sa juridiction d'une litre, soit ceinture funèbre. Quelques habitants de Saint-Alban de Montbel y firent opposition et

nuits, pour opérer lui-même le sauvetage des habitants, et que dans les fréquents incendies de l'époque, il se jetait au milieu des flammes pour diriger les mesures propres à arrêter le fléau.

Son fils, Honoré-Jean-Baptiste-Jacques-Alexandre, président à mortier au Parlement du Dauphiné, fut le premier qui vint en Savoie. Il avait épousé à Lyon, en 1741, Jeanne Deschamps de Chaumont, héritière du comté de Montbel, petite-fille de « noble Louis Deschamps, baron de Juifs et seigneur de Rochefort, » nommé, avec dispense d'âge, chevalier d'honneur au Sénat de Savoie, par la régente Jeanne-Baptiste, le 19 mars 1677. De ce mariage naquit entre autres enfants :

Jean-Honoré, à qui sa mère fit donation du comté de Montbel en 1778 par acte Pacoret, notaire à Chambéry. A la suite de cette acquisition, Jean-Honoré se fit naturaliser Savoyard. En 1792, au moment de la réunion de la Savoie à la France, il se trouvait à Turin. Inscrit sur la liste des émigrés, la plus grande partie de ses biens furent vendus au profit de la nation. Lors de la conquête du Piémont, il ne fut point inquiété, fut même pourvu d'un modeste emploi dans les bureaux de l'intendance, qui lui procura les ressources nécessaires pour sa subsistance. Il mourut dans la même ville le 14 avril 1800.

[1] Fille de Victor-François, comte de Cluny ou Clugny, représentant d'une ancienne famille qui a tenu une place importante en Bourgogne et en Flandre aux xive et xve siècles.

Son arrière-grand-père, Antoine de Clugny, seigneur de Coulombiers, maistre de camp de cavalerie, gouverneur de Saint-Quentin, fut amateur des lettres et même collectionneur de belles reliures ; mais sa passion était celle de la guerre. Quand la paix régnait en France, il allait prendre du service en Piémont, en Hollande et jusque dans les possessions coloniales de cette dernière nation sur les rivages de la mer des Indes. Il a laissé dans son testament du 23 avril 1639 la longue énumération des campagnes auxquelles il prit part.

Du mariage de Victor-François avec sa cousine germaine Claude de Choiseul naquit le 21 mai 1758, à Darcey (Bourgogne), Marie-Josephte-Etienne, unie le 21 janvier 1776 au comte de Montbel, Jean-Honoré de Piolenc.

même « se jactèrent » d'user de violence contre quiconque voudrait faire placer ce signe de deuil. Le seigneur de Montbel s'adresse alors au Sénat par une requête où il expose :

« Qu'il est seigneur et haut justicier du mandement[1], « les titres d'inféodation dont il est nanti, passés en faveur « de ses auteurs, le prouvent, notamment celle passée en « faveur de l'illustre seigneur Louis Dechamps, marquis « de Chaumont, comte dudit Montbel, du 20 avril 1700. « Ce seul titre donne le droit de placer la littre sur les murs « des églises qui sont dans l'enceinte de sa juridiction. »

Et il supplie la Cour souveraine d'inhiber à tous habitants de Saint-Alban et notamment à Joseph Pionchon et à Antoine Frandin de s'opposer à l'apposition de cette ceinture funèbre sur les murs de l'église paroissiale, sous peine d'amende et subsidiairement de prison.

Appelé à donner son avis, le substitut Salteur conclut ainsi :

« La requête du seigneur suppliant présente une question intéressante à examiner : Un seigneur peut-il faire partager à sa femme tous les droits honorifiques dont il jouit comme possesseur d'un fief ? Si, au lieu de recourir aux autorités, on cherchait à résoudre cette question par le seul raisonnement, il paraît qu'on ne pourrait guère leur accorder ce droit. Un fief est un *office* confié à celui qui en est investi et dont il ne peut pas communiquer les droits

[1] Le mandement de Montbel, s'étendant sur la rive nord-ouest du lac d'Aiguebelette, comprenait deux châtellenies : la première, formée des paroisses d'Ayn, Nances et Montbel ; la deuxième, de celles de Novalaise, Marcieux et Rochefort. C'était le comté de Montbel et la seigneurie de Rochefort. Messire Nicolas Dechamps ou Deschamps avait nommé, en 1740, pour juge de ces deux judicatures spectable Joseph Favre, avocat. (BLANCHARD, *Les Juges seigneuriaux*, page 14.)

selon sa volonté. Il en possède, il est vrai, la propriété selon la nature particulière de nos fiefs, mais il ne peut en disposer qu'autant que sa disposition serait approuvée par celui à qui appartient le domaine souverain par une nouvelle investiture. Ainsi, ce n'est qu'autant que le souverain lui permettrait de partager ce droit avec une personne qui lui serait chère, que celle-ci pourrait en jouir légitimement, surtout lorsqu'il s'agit d'un droit qui, quoique purement honorique, est plus particulièrement un dérivé de l'exercice de la juridiction, et c'est dans cette classe que l'on doit placer le pouvoir de ceindre de la litre les églises dépendantes du fief que l'on possède.

« Les recherches des feudistes ne nous laissent aucun doute à cet égard. Primitivement, ce droit n'a été accordé dans le XII° siècle qu'aux patrons et fondateurs, en reconnaissance des biens qu'ils avaient *consacrés à des usages pieux*, et si ce droit a été ensuite accordé aux hauts justiciers, ce n'était qu'en vertu de la juridiction entière qui leur était cédée par le prince et comme une reconnaissance de leur pouvoir de la part des ministres des autels qui ont voulu donner aux peuples des exemples de soumission et avouer publiquement leur dépendance par cette distinction qu'ils accordèrent aux seigneurs [1].

« Nous sommes toujours plus affermis dans ce sentiment, continue le représentant du ministère public, en réfléchissant qu'il n'y a que le haut justicier qui puisse jouir de ce droit et, quelque distinguée que soit la personne dont le cadavre est inhumé dans une église, cet honneur ne lui est point accordé, quand même elle possèderait la

---

[1] « Le seigneur Chastelain est fondé d'avoir la prééminence
« devant ses vassaux es Eglises estant en et de sa chastellenie
« comme d'avoir et retenir listres à ses armes et timbres au
« dedans et au dehors desdites Eglises. » *(Coutume de Tour.)*

moyenne ou basse juridiction. Quelques particuliers ont bien obtenu de faire peindre leurs armoiries sur des bandes noires, mais ces bandes n'avaient point la forme des ceintures funèbres et elles ne pouvaient occuper que le mur placé vis-à-vis du tombeau [1].

« Ce qui prouve toujours plus que c'est un droit inhérent à la juridiction et non au simple honneur accordé aux seigneurs, c'est que ce droit ne peut point s'acquérir par prescription et qu'il est de maxime dans le royaume de France, — dont les fiefs dans plusieurs provinces sont régis par des coutumes semblables à celles qui s'observent dans ce duché, — que le seigneur bas-justicier ne pourrait pas prescrire ce droit en sa faveur, pas même par une possession immémoriale ; l'on voit donc qu'il pourrait paraître peu convenable de rendre une femme participante de ce droit, surtout dans ce duché où les femmes ne vivent pas en communauté de biens avec leurs maris. »

A cette thèse bien établie vient cependant s'opposer la coutume. Nous regrettons de n'avoir pu contrôler cette assertion du substitut Salteur qui nous parait contredire quelque peu la première partie de ses conclusions et dont voici la suite :

« Cependant l'usage, qui est le guide le plus sûr lorsqu'on traite des matières féodales et un usage approuvé par un consentement tacite du souverain, a établi une coutume contraire. Nous voyons que les femmes jouissent avec leurs maris des droits honorifiques, quoique ceux-ci paraissent dériver de l'exercice de la juridiction. Elles partagent avec leurs maris les droits d'aller les premières à l'offrande, d'occuper les premières places aux processions dans plusieurs paroisses, d'être recommandées dans les prônes aux prières

[1] Arrêt du 12 août 1491. *(Biblioth. canon.)*

des fidèles nominalement, d'être enterrées dans le chœur et d'y avoir un banc ; ainsi il nous paraît qu'on ne peut pas leur refuser le droit de litre. »

L'on ne pourrait tirer un argument du refus de ce droit à l'usufruitier, à la douairière et au seigneur en gagiste, car les seuls propriétaires des fiefs sont admis à jouir des droits honorifiques, tellement que leurs héritiers n'ont pas le pouvoir de faire placer après leur mort la ceinture funèbre autour de l'église paroissiale du fief qu'ils ont possédé, s'ils n'ont point joui pendant leur vie des droits honorifiques. Mais il n'en est pas de même quand il s'agit de la femme d'un seigneur qui — selon nos usages — partage avec son mari les droits honorifiques.

En l'espèce, ces droits et par conséquent celui de litre sont incontestablement dus au requérant, puisque tous les seigneurs de Savoie sont en possession du droit de litre et qu'ils ne peuvent le perdre par le non-usage, les droits des fiefs étant imprescriptibles.

Le 12 juillet 1782, le Sénat, conformément à ces conclusions, accorda au marquis de Piolens, les inhibitions requises, défendit, sous peine de dix écus d'amende, de s'opposer à l'apposition de la litre, commit le juge-mage de Savoie [1] pour procéder contre les contrevenants et ordonna que les requête, conclusions et décret seraient publiés par le châtelain du mandement de Montbel un jour de fête, au

---

[1] Noble Gaspard Didier, reçu juge-mage par arrêt du 5 novembre 1768.
Balthasard d'Alexandri Orengiani, seigneur Ducheney, était lieutenant juge-mage dès 1777. Suivant un usage admis à cette époque, il avait été « décoré du titre et grade de juge-mage, » par patentes du 31 août 1781 ; mais il ne fut nommé et *reçu* juge-mage effectif que par patentes du 27 novembre 1787 et succéda au sénateur honoraire Giraud Antoine, juge-mage, après le décès de Didier (4 février 1786 — ... 1787).

lieu et à la manière accoutumés, « rière la paroisse de Saint-Alban de Montbel. » [1]

Force resta à la loi et aux injonctions du Sénat. Les litres furent peintes sur les murs extérieurs des églises du mandement, ainsi qu'on pouvait le constater encore en 1875 sur celle de Nances, démolie cette même année, et à Saint-Alban de Montbel, où furent retrouvées sous un épais badigeon les armoiries accolées des familles de Piolenc et de Clugny ; ces dernières écartelées avec celles de Choiseul. C'était un reste de la litre funéraire de 1782 [2].

Voici, pour terminer cette lecture, quel était le personnel du Sénat à cette époque. On rencontre dans cette Compagnie plusieurs noms qui ne peuvent nous laisser indifférents. L'un d'eux surtout rappelle une des gloires les plus incontestables quoique longtemps discutée de notre province, et son portrait orne la salle de nos séances.

Premier Président :

Comte SALTEUR Jacques.

Présidents :

1° MAISTRE François-Xavier.
2° DE BAVOZ Joseph.

---

[1] Extrait du 26° Registre des *Affaires courantes.*

[2] Piolenc porte : *de gueule aux 6 épis de blé d'or et à la bordure dentelée du même.*

Clugny : *d'azur aux deux clés d'or adossées, posées en pal, aux anneaux losangés, pommetés, entrelacés.*

Choiseul : *d'azur à la croix d'or, cantonnées de 18 billettes du même, 10 en chef et 8 en pointe.*

M. Paul Royer-Collard, avocat du barreau de Paris, a fait placer dans la nouvelle église de Nances une inscription à la mémoire de la marquise de Piolenc, née de Clugny, son arrière-grand'mère.

Nous le remercions ici des notes qu'il a bien voulu nous communiquer sur les familles de Piolens ou Piolenc et de Clugny.

Sénateurs :

1° Roze Modeste.
2° Tiollier Pierre-Louis.
3° Biord Pierre-Joseph.
4° Jacquier François-Joseph.
5° Marin Joseph.
6° De Baudry Gaspard.
7° De Savoiroux de Bracorand Jean-Joseph.
8° Foncet de Montailleur Pierre-Clément.
9° Favrat François.
10° Sauthier de Monthoux Joseph.
11° De Ville François-Hippolyte.
12° Berzetti-Buronzo Jean.
13° Bonjean Jean-Antoine.
14° Pallavicini de Priolo Ignace-Marie.

Avocat fiscal général :

De Serraval Jean-Baptiste.

Substituts :

Effectifs : 1° Dichat de Toisinge Charles.
2° Garbillon Charles-François.
3° Salteur Jean-Baptiste.
4° Maistre Joseph.
5° De La Palme Étienne.

Surnuméraires : 1° Rose Gaspard.
2° Rolf de Marigny.

Total général : 27.

La famille Salteur eut de nombreux représentants au Sénat de Savoie. Dès sa création, en fit partie Jacques Salteur, que nous désignerons par l'appellation de Jacques Ier, seigneur de Landaize et du château de Culoz en Bugey, brillant élève de l'Université de Bologne, conseil et député de Chambéry, sa ville natale, aux Etats-Généraux de 1550. Il a laissé deux ouvrages de droit, imprimés le premier à Lyon en 1617, et le deuxième à Chambéry en 1637 [1].

Son fils aîné Jacques (JACQUES II), inscrit au barreau dès 1585, fut nommé sénateur le 3 mars 1608 ; et un autre de ses enfants, Charles-Prosper, juge-mage en 1599, reçut le titre de sénateur honoraire.

CHARLES-HENRI, fils de Jacques II, avocat de 1622 à 1626, puis juge-mage, entra au Sénat, en vertu de lettres-patentes du 26 février 1652, en qualité de sénateur.

PHILIBERT, fils du précédent, en faveur de qui le mandement de Samoëns fut érigé en marquisat par Victor-Amédée II, en 1698, fit partie du barreau de 1678 à 1686, où il est nommé maitre auditeur à la Chambre des Comptes. Entré au Sénat, le 27 mars 1723, il mourut avec la robe rouge le 24 décembre 1741, le dernier jour de sa 82° année.

JACQUES III, avocat au Sénat dès 1719, débuta dans la magistrature par les fonctions de substitut avocat général des pauvres, le 8 mai 1730 [2]. Promu substitut effectif le 24 mars 1740 [3], sénateur le 16 mai 1740, il fut transféré à Aoste en qualité de « vi-bailli, pair et commandant du duché, » puis à Nice comme « Président chef des Sénat et

---

[1] Ce dernier le fut chez Dufour, après la mort de son auteur survenue le 3 septembre 1618, par les soins de son fils Charles-Prosper.

[2] Son père Ignace, cousin germain de Philibert, et de la branche des Salteur-Balland dont il est le deuxième anneau, resta fidèle au barreau jusqu'à sa mort. Il en fit partie de 1684 à 1722.

[3] L'infant dom Philippe le nomma membre de la délégation chargée de connaître les contestations relatives aux divers droits seigneuriaux dus à l'État, en remplacement du juge-mage Greyfié, décédé, par patentes du 13 mars 1743. Les délégués furent dès lors les sénateurs Viallet et François et le substitut Salteur.

Consulat de Nice, » et revint à Chambéry Premier Président du Sénat le 19 décembre 1764, siège qu'il occupa jusqu'en 1790. En récompense des cinquante années passées au service de son souverain, il fut honoré du titre de ministre d'Etat et reçut, en outre, une commanderie en Piémont. Trois ans après, il mourut sur le déclin de sa 92ᵉ année (4 février 1793).

Avec le premier président Jacques III, nous avons remarqué parmi les membres de la Compagnie souveraine, en 1782, un autre Salteur faisant partie du parquet. C'était le fils du chef du Sénat.

SALTEUR Jean-Baptiste ne fit point son stage au barreau, mais comme attaché au bureau de l'avocat général. Le 27 novembre 1773, il fut nommé substitut surnuméraire, et le 6 décembre 1774, substitut effectif. C'est dans l'exercice de ces dernières fonctions que nous l'avons trouvé à l'audience du 12 juillet 1782, où il donna les conclusions que nous avons analysées.

Le 6 mars 1785, il fut installé comme sénateur et siégea jusqu'à la suppression de la Compagnie, ou plutôt jusqu'à ce que la municipalité de Chambéry se fut mise en possession de la salle des audiences pour y établir le tribunal de district [1]. Le Sénat siégea le samedi 23 mars 1793,

---

[1] BURNIER, *Histoire du Sénat*, prétend que cette prise de possession eut lieu après signification par huissier, de la part de la municipalité, qu'elle avait besoin du local qu'occupait le Sénat.

Le registre des séances contient une note en forme de procès-verbal signé par le substitut du secrétaire civil, certifiant que « les magistrats du Sénat ont déclaré ne plus entrer, attendu que « la municipalité de la commune de Chambéry a fixé la mise en « possession du district de cette ville à lundi prochain 25 de ce « mois à dix heures du matin dans le premier bureau du Sénat. »

J'observe, en passant, que le dernier jour d'audience du Sénat n'a pas été le vendredi 22, comme cela a été dit, mais le samedi 23 mars. Les préoccupations de cette dernière journée auraient matin et soir, et ne se sépara qu'à huit heures. Le lundi 25, le tribunal nouveau fut installé dans le premier bureau du Sénat.

Le sénateur Jean-Baptiste Salteur mourut le 27 octobre 1812.

Le doyen des présidents de chambre, ou pour parler le langage de l'époque, le second président du Sénat était, comme nous l'avons vu, François-Xavier Maistre.

J'espérais pouvoir vous présenter une notice sur ce chef de l'illustre famille des comtes de Maistre de Savoie, dont les mérites personnels comme magistrat, comme président-chef du *Conseil de réforme* des études[1] et comme collaborateur des Royales Constitutions de 1770, auraient été bien plus remarqués, s'ils n'avaient été éclipsés par la gloire qui entoure deux de ses nombreux enfants. Mais les archives de Nice sont d'une exploration difficile, et je n'ai pu obtenir qu'une réponse négative à ma demande de renseignements. Je me bornerai à vous rappeler ce que les registres de notre Sénat nous attestent.

François-Xavier Maistre était substitut avocat fiscal à Nice, lorsque, par patentes du 22 janvier 1740, il fut appelé à siéger comme sénateur à Chambéry. Reçu dans ces nouvelles fonctions le 7 mars 1744, il les exerça jusqu'au 8 mars 1749, où il prit la direction du parquet. Quinze ans plus tard, le 3 décembre 1764, il fut installé

---

fait commettre une erreur de chiffre au greffier lui-même. De même, la liste des sénateurs présents ayant été publiée inexactement, je la donne telle qu'elle résulte du registre d'audience et avec l'orthographe alors adoptée :

Les citoyens Curial, régent, Jacquier, président ; — sénateurs Bracorand-Savoiroux, Bonjean, Dichat, Salteur, Vignet, Aubriot La Palme, Roze, Vialet, Jugo, Garin et substituts Tiollier et Bracorand.

[1] Il fut nommé à cette fonction au moment de sa création.

comme président de chambre et conserva ce siège jusqu'à sa mort, survenue le 16 juin 1789.

Nous lisons en effet dans le Registre du cérémonial :

« Le 17e janvier 1789 a été fourni par les Royales Fi-
« nances dix huit flambeaux et dix huit écussons pour
« la sépulture de messire François-Xavier comte Maistre,
« 2d président du Royal Sénat de Savoye, décédé le jour
« dhier sur les quatre heures et demi après midy, lesdits
« flambeaux pesant chacun trois livres. »

Des autres magistrats composant le Sénat en 1782, je n'indiquerai que la date de leurs diverses promotions.

DE BAVOZ Joseph *(noble)*, sénateur à Nice, est reçu sénateur à Chambéry le 20 septembre 1766; avocat fiscal général le 12 novembre 1768 ; *président* surnuméraire du Sénat le 2 avril 1776, et effectif le 12 février 1780.

ROZE Modeste, avocat à Chambéry, est reçu substitut avocat des pauvres le 10 janvier 1744 ; avocat des pauvres le 10 mai 1749 ; *sénateur* le 5 décembre 1760.

TIOLLIER Pierre-Louis *(bourgeois de Chambéry)*, avocat à Chambéry, est reçu substitut avocat fiscal de la province de Savoie le 13 avril 1744 ; juge-mage de Tarentaise le 23 mai 1749, — de Faucigny le 5 avril 1756 ; substitut avocat fiscal général le 8 mai 1758 ; *sénateur* le 4 décembre 1764.

BIORD Joseph, de Samoëns, avocat à Chambéry dès le 18 juin 1740, est reçu *sénateur* le 6 décembre 1764.

JACQUIER François-Joseph, avocat fiscal général à Nice, est reçu *sénateur* de Savoie le 6 décembre 1768.

MARIN Joseph, du Montcel, avocat à Chambéry dès le 8 août 1744, est reçu substitut de l'avocat fiscal général le 8 juillet 1766 ; *sénateur* le 8 février 1771.

DE BAUDRY Gaspard, d'Artaz en Faucigny, avocat dès le 26 juin 1762, est reçu *sénateur* le 24 décembre 1772.

DE SAVOIROUX Jean-Joseph (DE BRACORAND, seigneur de), avocat dès le 12 août 1762, substitut avocat fiscal général le 8 juillet 1766, est reçu *sénateur* le 23 décembre 1772.

FONCET DE MONTAILLEUR Pierre-Clément (baron de la Tour et de Montailleur), avocat, est reçu substitut de l'avocat fiscal général le 22 août 1766 ; *sénateur* le 20 décembre 1773.

FAVRAT François, avocat ; reçu avocat fiscal général le 5 décembre 1768 ; *sénateur* le 2 décembre 1773.

SAUTHIER Joseph-François-Victor (baron de Monthoux), avocat dès le 24 juillet 1766, reçu *sénateur* le 12 janvier 1778.

DEVILLE François-Hippolyte *(noble)*, substitut surnuméraire de l'avocat fiscal général, le 6 octobre 1768 ; effectif le 11 février 1711, est reçu *sénateur* le 14 mars 1780.

BERZETTI-BURONZO Jean (comte, commandeur de l'Ordre des Saints Maurice et Lazare), reçu *sénateur* le 16 mai 1780.

BONJEAN Jean-Antoine, avocat à Chambéry dès le 4 juin 1760, reçu substitut de l'avocat des pauvres le 2 décembre 1766, de l'avocat général le 20 décembre 1773 ; *sénateur* le 31 janvier 1780.

PALLAVICINI Ignace-Marie (marquis DE PRIOLO), reçu *sénateur* le 27 novembre 1780.

SERRAVAL Jean-Baptiste (messire POCQUETIN, comte DE), reçu *sénateur* le 9 décembre 1768 et *avocat fiscal général* le 1er décembre 1778.

DICHAT DE TOISINGE Charles *(noble)*, de Chambéry, avocat dès le 7 août 1760 ; reçu avocat fiscal de Savoie le 27 janvier 1764; *substitut de l'avocat fiscal général* le 21 décembre 1773.

GARBILLON Charles-François, *substitut* surnuméraire de l'avocat fiscal général, le 31 janvier 1774; *effectif* le 1er décembre 1775.

MAISTRE Joseph *(noble)*, attaché au bureau de l'avocat fiscal général, fut reçu *substitut* surnuméraire le 5 janvier 1773, et *effectif* le 14 février 1780.

AUBRIOT DE LA PALME Étienne (seigneur de Marcellaz et Alpigny), avocat dès le 24 avril 1771, est reçu *substitut* surnuméraire le 7 janvier 1777; *effectif* le 14 février 1780.

ROZE Gaspard, avocat dès le 21 mai 1773, est reçu *substitut surnuméraire* le 16 janvier 1778.

ROLF DE MARIGNY Jean-Joseph, reçu *substitut surnuméraire* le 4 décembre 1778.

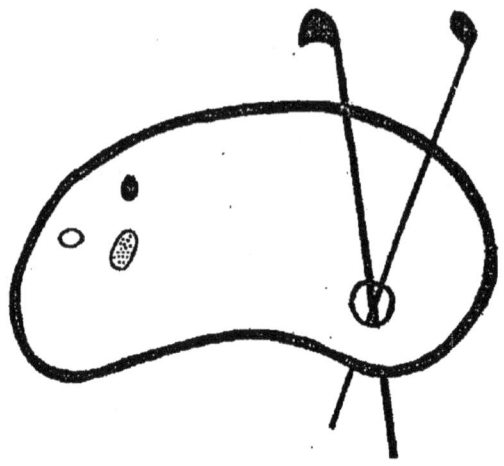

ORIGINAL EN COULEUR
NF Z 43-120-8

www.ingramcontent.com/pod-product-compliance
Lightning Source LLC
Chambersburg PA
CBHW050434210326
41520CB00019B/5919